Das Buch

Der gelbe Mann ist ein einzigartiges Porträt des Volksdichters Roland Pöllnitz, wie ihn der Verleger Dieter Vahl einmal bezeichnete. Dieses Buch ist eine außergewöhnliche Essenz seines großartigen poetischen Werkes: seine liebevollsten, seine wahrhaftigsten, seine heilsamsten, seine friedlichsten, göttlichsten und glückseligsten Verse. Gerd Thiel, ein saarländischer Radiomoderator meint:»Manche seiner Gedichte gehören ins Feuilleton großer Samstagsausgaben, wie der Süddeutschen oder der FAZ. Über»Liebe ist mächtig« sagt der Schweizer Bewusstseinsforscher Dr. Oliver Wittwer:»Danke! Wie ein hell und warm leuchtender Stern am Social-Media-Himmel.« Diese 100 schönsten Gedichte des Autors laden dazu ein, sein großes lyrisches Werk zu entdecken!

Roland Pöllnitz

Zunächst folgte der brave Sohn den beruflichen Vorstellungen seiner Familie und wurde Ingenieur. Erst wurde das Potential seiner Kreativität gefördert, später verlor es sich im Nirvana gesellschaftlicher Dilemmas. Irgendwann folgte ein seelischer und körperlicher Zusammenbruch. Rastlos trieb es ihn vorwärts, vielseitig waren seine Erfahrungen als Bauer, Bauarbeiter, Brauer, Gleisarbeiter, Student, Ingenieur, Forscher, Designer, Gärtner, Fotograf, Programmierer, Unternehmer, Wirt, Ehemann, Vater und Großvater und gesunder Mensch mit einem gesunden Verstand. Ein Drittel seines Lebens hat sich der Autor der Poesie verschrieben, zweit Drittel dem Reisen und der Fotografie und dem Ganzen der Liebe.

Der gelbe Mann

Roland Pöllnitz

1. Auflage 2024

© Roland Pöllnitz

© Umschlaggestaltung: Roland Pöllnitz

© Fotos Roland Pöllnitz

Verlag: BoD · Books on Demand GmbH, In de Tarpen 42, 22848 Norderstedt

Druck: Libri Plureos GmbH, Friedensallee 273, 22763 Hamburg

ISBN: 978-3-7693-0275-2

Natur

Am Meer

Heute hat der stille Himmel
Wolkensegel aufgespannt,
weiße Schiffe ziehen südwärts,
tiefer in das Dänenland.

Wellen küssen wie Verliebte
eine zauberhafte Braut,
aus den Wasserdiamanten
hat ein Seehund hochgeschaut.

Dieses Rauschen, dieses Glitzern,
dieser Frieden ringsumher
kannst du wirklich nur erleben,
sitzt du hier am blauen Meer.

Wüstenreise

Große Weite, Sand und Felsen,
nur der Rhythmus der Natur,
heiße Sonne, blaue Sterne
auf der großen Wüstentour.

Stille lauschen, schweigend gehen,
stundenlang nicht mal ein Wort,
Atem hören, Herzschlag spüren,
hier an diesem leeren Ort.

Ohne Denken, einfach fühlen,
steht das Karussell mal still,
atmen, atmen, Zeit vergehen
das tun, was das Herze will.

Wasser schätzen, dankbar trinken,
ohne Dusche geht es auch,
Zähneputzen, Katzenwäsche
wie der Beduinenbrauch.

Zeit vergeht auch ohne Uhren,
Sonnenauf- und Untergang,
Lagerfeuer und Palaver
mit den Freunden stundenlang.

Dankbarkeit für all das Schöne,
Demut vor dem Wüstenland,
mich zu spüren, neu zu leben,
habe ich für mich erkannt.

Im glücklichen Leben

Im Land der weißen Berge,
am schönen, blauen Meer
erscheint das Leben heiter
und niemals sorgenschwer.

Ein jeder lächelt freundlich,
und strahlt zum Himmelblau,
die Liebe loht im Herzen
von Kind und Mann und Frau.

Die Vögel jubilieren,
die Menschen stimmen ein,
so friedlich ist das Leben,
der Mensch kann Mensch hier sein.

Sobald

Sobald ich meinen Wald betrete,
fühlt meine Seele sich zuhaus,
denn alle meine grünen Brüder
empfangen mich mit viel Applaus.

Sie flüstern mir viel Liebesworte
mit allergrößter Freude zu,
dann träume ich im grünen Moose,
genieße diese Friedensruh.

Die Alten kennen noch Geschichten,
die sind so seltsam wunderbar,
von Elfen, Zwergen, guten Geistern,
ich spüre, sie sind alle wahr.

Der Zauberwald ist voller Wunder,
die Blätter tanzen Poesie,
die Liebe ist des Rätsels Lösung,
vollkommen ist die Harmonie.

Sehnsucht nach Meer

Ich sehne mich so sehr nach Meer,
nach einem goldnen Inselstrand,
ich möchte dort alleine sein,
wo Wasser glitzert fulminant.

Die Wellen rauschen wie in Trance,
als meditierten sie dahin,
ich sitze dort und schau aufs Meer,
verspüre meinen Lebenssinn.

Mein Dasein wird zur Poesie,
mein Herz ist mit dem Meer vereint,
die Seele flattert mit dem Wind,
und aus mir fließt es, ja es weint.

Es weint die Worte aufs Papier
am ewig goldnen Meeresstrand,
ich denke nicht, ich bin nur da,
doch was ich fühle, ist frappant.

Ein Ort voll Magie

Fast am Gipfel aller Berge
ruht ein See im Tian Shan
wie ein Diamant im Grünen,
aus der Zeit des Dschingis Kahn.

Wo des Nachts die Sterne regnen,
möcht ich mit der Liebsten sein,
wo die Seelen sich verweben,
fällt mir nichts als Liebe ein.

Blaues Funkeln, Silberglitzern
überzieht das Himmelszelt,
und die Augen meiner Liebsten
leuchten sich in meine Welt.

Spürst du, so wie ich, die Stille,
diese stille Leidenschaft,
wo sich Energien finden,
die der Liebe geben Kraft?

Dieser Ort ist voller Rätsel,
liebevoll ist die Magie,
so dass Herzen sich berühren,
ungeahnt in Harmonie.

Einladung zum Frieden

Der Wald tut meiner Seele gut,
ich schöpfe neuen Lebensmut,
die Bäume schenken mir viel Kraft,
hier fühle ich mich heldenhaft.

Ich danke dafür, dass ich hier,
für dieses Lebenselixier,
ich komme gern hierher zurück,
denn hier empfinde ich viel Glück.

Hier gibt es keine Seelenpein,
die Stille dringt in mich hinein,
sie breitet sich zum Frieden aus,
der füllt das ganze Seelenhaus.

Die Bäume flüstern ein Gedicht,
der blaue Himmel schenkt mir Licht,
das kleine Bach lädt freundlich ein,
bald wieder einmal Gast zu sein.

Mehr Meer

Warum macht das Meer so glücklich?
Schon der Ausblick ist ein Traum,
sein unendliche Weite
bis zum Horizontensaum.

Wellen plätschern an das Ufer
mit der Leichtigkeit des Seins,
Salz durchwebt die Brandungslüfte,
sind mit Meer und dir nun eins.

Tief entspannend wirken Farben,
Palmgrün, Strandgold, Meeresblau,
auch das permanente Rauschen
ist für alle eine Schau.

Jedes Meer erweckt die Sehnsucht
nach der wahren Lebenslust,
hier erwachen Sinnlichkeiten,
hast du das denn auch gewusst?

Warum macht das Meer so glücklich?
Geh, und tauche dort hinein,
lass dich auf den Wellen schaukeln,
du wirst wie ich glücklich sein!

Die Kathedrale

Der blütenweiße Gipfel
strebt in das lichte Blau,
die Buddha-Kathedrale,
ein wahrer Himmelsbau.

Ich stehe staunend vor ihr
und fühle mich so klein,
die winterkühne Kuppel
schaut sehr erhaben drein.

Der Christ will Untertanen
und denk sich, die Natur
lässt sich leicht unterdrücken
durch seine Diktatur.

Jedoch sein wildes Streben
ist reine Anarchie,
die Erde wird sich wehren
mit ihrer Harmonie.

Wo Berge sind, wird Wasser,
wo Meere sind, wird Berg,
die Erde ist im Wandel,
jawohl, du Menschenzwerg.

Die weißen Kathedralen
als Teile der Natur
muss niemand mehr besiegen,
genießen wir sie pur!

Baummagie

Warum ziehen alte Bäume
uns so unbegreiflich an?
Wenn sie stehend meditieren,
es ist wie ein Zauberbann.

Ihr Stärke, ihr Aura
machen sie gewaltig kühn.
Wie sie wurzeln in der Erde,
und ihr Strahlen himmelsgrün.

Sie sind Werden und Vergehen,
grüne Tempel und Idol,
sie sind Lehrer, Dichter, Heiler,
dort fühlt man sich einfach wohl.

Lasst uns Bäume nun umarmen,
seid bereit zur Harmonie,
wenn der Zauber in uns einfließt,
spüren wir die Energie.

Reisen um die Welt

Bamiyan

Das schöne Tal von Bamiyan,
durchzogen von der Seidenstraße,
erblühte lang vor Dschingis Chan
in einem zauberhaften Maße.

Der Menschenschlag am Hindukusch,
bekannt durch frühe Hochkulturen,
erbrachte Buddha einen Tusch
mit wunderschönen Felsfiguren.

Gemeißelt in den roten Stein,
bewachte über tausend Jahre
der Buddha aus dem Felsenschrein
das Tal vor böser Kriegsfanfare.

Lang hielt der Riesenbuddha stand
der Bilderfurcht der Islamisten,
dann sprengten sie ihn aus der Wand,
kulturlos wie die Anarchisten.

Ein Wunder der Natur

Ein wunderbarer Himmel
bedeckt türkises Meer,
ich wandle mich zum Fische
und staune wirklich sehr.

Die surrealen Welten
versprechen mir Magie,
die Farben sind fantastisch,
so etwas sah ich nie.

Die Schönheit der Korallen
blüht in der Tiefe auf,
dazwischen tausend Fische
und Schildkröten zuhauf.

Sogar die großen Haie
wiegen sich her und hin,
die Clownfische sind munter,
sie suchen keinen Sinn.

Ich treibe durch das Wunder
und fühl mich schwerelos,
ganz nah erscheint ein Manta,
der ist so riesengroß.

Ein kräftiger Maori
kreuzt später meinen Weg,
die Sicht auf all die Wunder,
des Tauchers Privileg.

Costa Rica pura vida

Das Streben nach dem großen Glück
scheint hier besonders zu gelingen,
hier blickt man vorwärts, nicht zurück,
und freut sich, was der Tag wird bringen.

Hier leben Menschen wirklich gern,
das Land hat keinerlei Soldaten,
seit langem strahlt der Friedenstern,
deshalb gedeihen hier Dukaten.

Die Menschen lieben die Natur,
der Tag haucht so viel pura vida,
zum Garten Eden in Azur
führt Costa Rica Avenida.

Die Liebe findet ein Zuhaus
und kann gelassen älter werden,
man lebt das Glück jahrein jahraus,
und hat das Paradies auf Erden.

Tanah Lot

Tanah Lot – Tempel im Meer,
auf einem Fels gewachsen,
umbrandet von tobender Gischt
atmest du die Ruhe der Ewigkeit.
Wenn am Abend die Sonne
ins Meer eintaucht,
verwandelt sie dich
in glühende Lava,
bizarre Schatten werfend
dem Betrachter.

Ballade vom Baikalsee

Ganz tief im Grunde liegt dein Herz,
es schwingt sich langsam himmelwärts.
dein Wasser ist so klar und rein,
du kannst doch nur der Baikal sein!

Du bist ein großer Menschenfreund,
wer dich nicht trifft, hat was versäumt,
du bist so viele Jahre alt,
im Herzen warm, das Wasser kalt.

Geheimnisvoll bist du und schlau,
und leuchtest du auch magisch blau,
dein Blut ist rein wie Diamant,
du trägst ein festliches Gewand.

Du birgst in dir Ewigkeit,
das Bester aus der Friedenszeit,
und bläst der Wind auch einmal flott,
dann bist du mir der wahre Gott.

Das Geschenk des Schamanen

Vom blauen Himmel kamst du
vom weißen Berge
von der grünen Erde

Du schenktest mir
dein poetisches Wort
gesprochen
und geschrieben

Du beschertest mich
mit klugem Witz
und mystischen
Gedanken

Du gabst mir etwas
von deinem Geist
und deiner Seele
das Herz berührend

Aus deiner Hand
fiel das Orakel
in die meine
Danke

Sonnenaufgang in Bagan

In unheimlicher Stille
färbt sich die Dämmerung,
die Stimmung ist erhaben,
das Licht kommt nun in Schwung.

Der Osten will erröten,
er färbt sich apricot,
den Regenbogenfarben
folgt bald das Sonnenrot.

Dann steigen die Ballone
als Kugelwunder auf,
bestaunen alle Tempel,
die hier es gibt zuhauf.

Die Morgennebel hüllen
die Tempel wärmend ein,
es kann ein Ort des Herzens
wohl nirgends schöner sein.

Die Stadt der tausend Tempel
erscheint im goldnen Licht,
und wenn ich wahrlich lausche,
hör ich, wie Buddha spricht.

Am Ort der Offenbarung
find Frieden ich zugleich,
er macht in seinem Herzen
den armen Dichter reich.

Am Phewa See

Umsäumt von sanften Hügeln
träumt unser Phewa See,
am Gipfel thront ein Tempel,
so weiß wie frischer Schnee.

Ein Fischer wirft die Angel
ins Wasser weit hinaus
und holt, wenn er das Glück hat,
ein Fischlein bald heraus.

Ein Reiher steht im Wasser
und tut's dem Fischer gleich,
es macht die große Stille
hier Mensch und Tiere reich.

Wir setzen uns ans Ufer,
hören der Stille zu,
so finden unsre Herzen
am Phewa See die Ruh.

Machu Picchu

Auf dem Berg des alten Weisen,
oberhalb der Wolkenflucht,
bauten Inkas eine Stätte,
die heut ihresgleichen sucht.

Steine fesselten die Sonne,
schenkten Wissenden die Macht,
an den Tagen ohne Schatten,
hat ein Opfer man gebracht.

Drei – die Zahl des Universums,
widmet einem Tempel Licht
Kondor, Jaguar und Kobra
der Dreifaltigkeit entspricht.

Jungfern lebten in dem Tempel,
der dem Sonnenlicht geweiht,
Götzenbilder, Königsgräber
künden von der Inka Zeit.

Der Granit birgt ein Geheimnis,
niemand kannte es genau,
nur der Vogel Kakàquilla,
sah es aus dem Himmelsblau.

Um das Rätsel zu bewahren,
schnitt man ihm die Zunge raus,
Machu Picchu, Thron der Inkas,
sieht selbst wie ein Vogel aus.

Phang Nga Bay

Kalksteininseln, kühne Felsen
ragen aus dem blauen Samt,
und mein Herz fragt ohne Zögern,
woher dieses Märchen stammt.

Tropfsteinhöhlen, weiße Strände
strahlen hell im milden Licht,
Phang Nga scheint das Paradiese,
die Natur als ein Gedicht.

In dem Boot durch die Mangroven
holt die Stille mich bald ein,
fröhlich winkt mir eine Krabbe,
wünscht sich wohl ein Stelldichein.

Eine Insel ganz auf Pfählen
lädt uns ein zu einer Rast,
ja, so zeigen uns Muslime,
welcher Stellenwert der Gast.

wahre Liebe

Wie schön ist die Liebe

Die Nacht und der Himmel,
die Sterne, der Mond,
sie alle sind heute
von Liebe bewohnt.

Gestirne der Liebe,
der Goldstaub zum Glück,
die Nacht des Entzückens
kehrt zu uns zurück.

Die Lieb' unter Sternen,
wie Zucker so süß,
die Feuerkometen
sind im Paradies.

Wir kennen kein Gestern,
die Stunden vergehn,
es tanzen die Sterne
und Wunder geschehn.

Verloren im Wahnsinn,
der Weg ist das Ziel,
wo Leidenschaftsfeuer
auch zärtliches Spiel.

Gestirne des Himmels,
der Tag küsst die Nacht,
wie schön ist die Liebe,
wie stark ihre Macht.

Wahre Liebe

Einer spürt des andren Seele,
sie wird immer bei ihm sein,
morgens, mittags, abends, nächstens -
niemals fühlt er sich allein.

Beide Herzen wollen geben,
denn sie sind in sich vereint,
fröhlich klingt ihr helles Lachen,
weil aus ihnen Sonne scheint.

Darin reifen Glücksmomente,
und sie sind sich sehr vertraut,
jeden Tag erblüht die Liebe,
sie sind Bräutigam und Braut.

Ihre Blicke wollen lieben,
schauen voller Zärtlichkeit
und zum Küssen oder Streicheln
sind sie jederzeit bereit.

Sie verspüren tiefe Liebe,
ohne dass es jemand sagt,
einer kann den nächsten fühlen,
auch wenn Kummer an ihm nagt.

Ein Zukunft ohne Ängste
wird den beiden sicher sein,
wenn die Seelen sich verbinden,
sind die Herzen nie allein.

Die wahre Schönheit

Die wahre Schönheit ist ein Strahlen,
das tief aus einem Herzen dringt,
sie ist das Leuchten einer Seele,
die zauberhaft am Morgen singt.

Sie ist das Blühen einer Lilie,
die Farbe, die uns fröhlich stimmt
das Lächeln eines kleinen Kindes,
ein Leuchtkäfer, der liebend glimmt.

Die Schönheit ist nicht die Verpackung,
die Seele präsentiert den Wert,
sie strahlt wie eine Sommersonne,
weshalb sie auch für ewig wärt.

Die Schönheit misst sich nicht in Größen,
in Formen so wie dünn und dick,
sie strahlt aus einem reinen Herzen
als Ausdruck voller Seelenglück.

Liebeslang

Liebeslang ist stets das Leben
dem, der es der Liebe weiht,
drum will ich nur Liebe geben
immerfort und alle Zeit.

Liebeslang ist ohne Ende,
ohne Anfang, einfach da,
deshalb liegt die Liebesspende
selbstverständlich im Etat.

Liebeslang ist ein Vergnügen,
ist des Frohsinns Meisterstück,
wenn wir darüber verfügen,
winkt uns allen großes Glück.

Liebeslang ist Seelenfrieden,
Stille, die in allen ruht,
lasst uns diese Eisen schmieden,
Frieden ist für alle gut.

Das Dreieck der Liebe

Wer liebt, kennt keinen Handel,
er gibt und gibt und gibt,
wer liebt, wird nichts verlangen,
weil er nur liebt, nur liebt.

Wer liebt, kennt keine Ängste,
aus ihm erstrahlt ein Licht,
es wird die Liebe schützen,
weil Liebe aus ihm spricht.

Wer liebt, hat Ideale,
die werden Gott genannt,
wer liebt mit seinem Herzen,
ist völlig übermannt.

Seelenliebe

Sehnsuchtsvoll sucht eine Seele
wie ein Yin nach seinem Yang,
hält sie Sinne achtsam offen,
dauert es kein Leben lang.

Solch ein Treffen ist ein Zufall,
der vom Schöpfer ist geplant,
das Gefühl ist atemraubend,
hab ich immer schon geahnt.

Herz und Seele sind verbunden
wie durch einen Lichterstrahl,
Wellen voller Glücksgefühle
uns durchfluten allemal.

Seelenliebe, Lichtgenüsse,
Wärme macht sich in uns breit,
unbeschreibbar ist das alles,
wenn es erst einmal so weit.

Liebe ist mächtig

Gar viele von der Liebe reden,
doch mangelt es am lieben Tun,
die wahre Liebe zu verbreiten,
lässt alle Heucheleien ruhn.

Die Liebe predigt niemals Wasser
und trinkt dann insgeheim den Wein,
sie ist zu jeder Zeit authentisch
und wird für immer ehrlich sein.

Die Liebe muss sich nicht erkaufen,
sie ist seit Ewigkeiten da,
ein jeder wird sie in sich finden,
kommt er nur seinem Herzen nah.

Hast du die Liebe erst gefunden,
dann schenkt sie dir ein Glücksgefühl,
die wahre Liebe ist so mächtig,
das Licht ist da, es braucht kein Ziel.

Herzensblüte

Öffne deine Herzensblüte,
atme deine Liebe aus,
präsentiere ihre Schönheit,
ihre Anmut mit Applaus.

Ihre Pracht wird Freude bringen
dir und allen auf der Welt,
sie ist Ausdruck für die Hoffnung,
die die Dunkelheit erhellt.

Sie ist Zeichen der Erleuchtung,
klarer Geist in dir gedeiht,
wahre Liebe, tiefer Frieden,
freies Leben jederzeit.

Öffne deine Herzensblüte,
setze wahre Liebe frei,
fasziniere mit der Schönheit,
leg die Göttlichkeit dabei.

Die größte Kraft

Die größte Kraft im Universum -
was ist sie und wo kommt sie her?
Liegt sie verborgen in Atomen?
Es zu ergründen, ist so schwer!

Die größte Kraft will stets kreieren
und ist dabei voll Harmonie,
sie formt den Himmel und die Erde,
so groß ist ihre Energie.

Sie hat den Menschen einst geboren
und schenkte ihm den schönsten Traum,
die Sehnsucht nach der wahren Liebe
auf Erden und im Weltenraum.

Der Mensch wird seine Liebe finden,
wenn er im Herzen ist gereift,
die größte Kraft im Universum
ist wahre Liebe, er begreift.

Freudentaumel

Freude ist das Mal der Liebe,
sie ist wie der Sonnenschein,
liebe und du wirst dich freuen,
du bist niemals mehr allein.

Liebe blüht wie ein Blume,
sie denkt nicht darüber nach,
ob sie schön ist oder hässlich,
Liebe kennt kein Weh und Ach.

Liebe dich als großes Wunder,
sei von Herzen liebevoll
zu den Menschen, zu den Tieren
sei zu allem liebestoll.

Fühle eins dich mit der Erde,
und umarme einen Baum,
deine Liebe bringt dir Freude,
sie erfüllt dir jeden Traum.

Liebespoesie

Die Frauen werden schöner

Die Frauen werden immer schöner,
je mehr für sie die Zeit vergeht
sie wachsen, reifen, werden göttlich,
bevor aus ihnen Weisheit weht.

Sie werden irgendwann erwachsen,
es stoppt der Alterungsprozess,
ihr Wesen nimmt sie in die Arme,
die Freude lebt sie im Exzess.

Sie lassen allen Wahnsinn sausen
und machen sich von Lasten frei,
sie gehen auf Entdeckungsreisen,
doch sind die Ziele einerlei.

Die Ängste werden abgeworfen,
sie leben offen wie ein Kind,
egal ist das, was andre denken,
sie sind der Liebe wohlgesinnt.

So werden Frauen immer schöner,
weil sie so ganz in Liebe sind,
die Herzen spielen Sinfonien,
wenn diese Ära einst beginnt.

Tausend Sonnen

In dir leuchten tausend Sonnen,
voller Glück erscheint dein Tag,
aus dem Dunkel einst geboren,
ist er heut ein Paukenschlag.

Hell erleuchtet deine Liebe
alles Schöne ringsumher,
lassen Ängste bald verdampfen
und Verzweiflung noch viel mehr.

Strahlend offenbart der Himmel
eine Seele voller Glanz,
ihre Augen blicken göttlich
aus des Herzens Feuerkranz.

In dir leuchten tausend Sonnen
in die Herzen tief hinein,
sie sind neue Fackelträger,
überall wird Sonne sein.

Ein Lied der Liebe

Hörst du das Lied der Liebe klingen?
Verspürst du Leichtigkeit im Sein?
Willst du jetzt lachen, tanzen, springen
und fortlaufend nur glücklich sein?

Vernimmst du sanfte Engelszungen?
Ihr Flüstern macht dir Gänsehaut?
Die liebevollen Wahrnehmungen
sind völlig neu und altvertraut.

Empfindest du beseelte Liebe,
die nichts erwartet, nichts besitzt?
Wenn göttlich selbst die Herzensdiebe
vor Überraschung sind geblitzt.

Ist Nähe spürbar aus der Ferne?
Beschenkt die Liebe dich mit Lust?
Spürst du den Drang, dich herzugeben?
Wird deine Sehnsucht dir bewusst?

Vereint im Atem Gottes

In dieser Stunde bist du bei mir,
so bin ich deinem Herzen nah,
wir sprechen zärtlich miteinander,
einer ist für den andern da.

Wir reden in der Herzenssprache
und wissen beide, was es heißt,
verstehen wir des andern Blicke,
ein Schwiegen aneinander schweißt.

Du kommst so nahe an die Seele,
und rufst mein Göttliches hervor,
du stillst den Hunger meiner Liebe,
das kommt mir so unheimlich vor.

Ich möchte mich in dir verströmen,
dein Flair soll meine Aura sein,
vereinigt in dem Atem Gottes
bin ich gern dein, sei du gern mein.

Ich fühle deine Schönheit

Ich seh dich an, Liebste,
und fühle deine Schönheit;
ich kann es dir nicht erklären,
wie schön ich dich empfinde.

Es war schon immer so,
bereits, als ich mich in
dich verliebte damals,
warst du so schön.

Du wurdest noch schöner,
als ich dein Herzleuchten sah;
ich weiß nicht, ob du dir
dessen bewusst bist, Liebste.

Keine Frau ist schöner als du,
auch nicht die eines Verliebten,
denn ich bin ein Liebender,
der deinen Glanz im Herzen fühlt.

Herzenslicht

Zauberhaft erscheinst du, Venus,
eine Göttin hell im Licht,
du verkörperst all die Liebe,
die aus deiner Seele spricht.

Sanftheit ruht in deinem Wesen
und zugleich die Leidenschaft,
magisch ist dein zartes Lächeln,
liebevoll und zauberhaft.

Deine Weiblichkeit spricht Liebe,
deine Stimme ist Magie,
deine Augen sind Geheimnis,
und dein Wesen Poesie.

Sonne strahlt aus deinem Herzen,
danke für den Augenblick,
den du heute mir geschenkt hast,
tief in mir erblüht das Glück.

Lob einer Göttin

Ihr Wesen ist die engelhafte Liebe,
vollkommen spürt man tiefe Harmonie,
als Göttin sendet sie uns Herzensgüte,
ihr Lächeln spricht von großer Empathie.

Sie ist so weich wie Wasser aus dem Meere,
unsagbar still und doch voll Leidenschaft,
sie ist so schön wie eine Lotosblüte,
als Hügellandschaft einfach sagenhaft.

Sie ist begnadet und von Licht durchflutet,
sie ist der Liebe wahre Herrlichkeit,
in ihrem Herzen flammt ein Freudenfeuer,
mit dem sie sich von aller Last befreit.

Sie ist so wild und sprengt die alten Grenzen,
die Liebe selbst macht sie unendlich frei,
die Seelenkraft des übergroßen Herzens
wirkt auf Betrachter fast wie Hexerei.

Wilde Frauen

Ich liebe diese Art von Frauen,
die Wilde, die die Fesseln sprengt,
mit ungezähmten Leidenschaften,
die seltsam ungewöhnlich denkt.

Die wilde Frau geht eigne Wege,
sie weiß um ihr Lebenskraft,
in ihren Herzen brennt ein Feuer,
ich finde sie so sagenhaft.

Sie weiß um ihre wahren Wurzeln
und sprüht vor Lebensenergie,
sie ist ein Kind von Mutter Erde,
und sprüht vor Liebeseuphorie.

Die wilde Frau will Liebe geben,
das mach sie nicht eventuell,
da zählt nur alles oder gar nichts
im Herzen und auch sexuell.

Deine Liebe

Deine Liebe wiegt viel tausend Jahre,
hab gewogen sie am Sternenzelt,
deine Seele ist so wunderbare,
voller Schönheit, sie erhellt die Welt.

Deine Liebe ist ein Stern in Nächten,
leuchtend hell wie ein Kometenglück,
mächtiger als all die Selbstgerechten,
was sie ausstrahlt, strahlt zu ihr zurück.

Deine Liebe ist ein Gotteswunder,
schenkt mir ihren roten Erdbeermund,
abends am Kamin ein Glas Burgunder,
deine Liebe schürt den Liebesbund.

Deine Liebe kann nicht anders denken,
schenkt von sich mir stets den Becher voll,
sie will mich mit ihrem Selbst beschenken,
deine Liebe ist besonders toll.

Du, Liebste

Du, Liebste, süßer Pfirsich, hautig zart,
wie schmeckst du rotgeflammt nach Sonne,
die Reife deiner Frucht berührt mich sehr,
entfaltet in mir alle Sinne.

Du, Liebste, große Seele, nah bei mir,
wir gehen zweisam auf die Reise,
im Strömen deiner Wellen bin ich Fisch,
im Honig fließen wir zur Liebe.

Du, Liebste, alles Leben, großes Glück,
wir küssen die Unendlichkeiten,
den Sternen nah in jedem Augenblick,
du riechst so wunderbar nach Träumen.

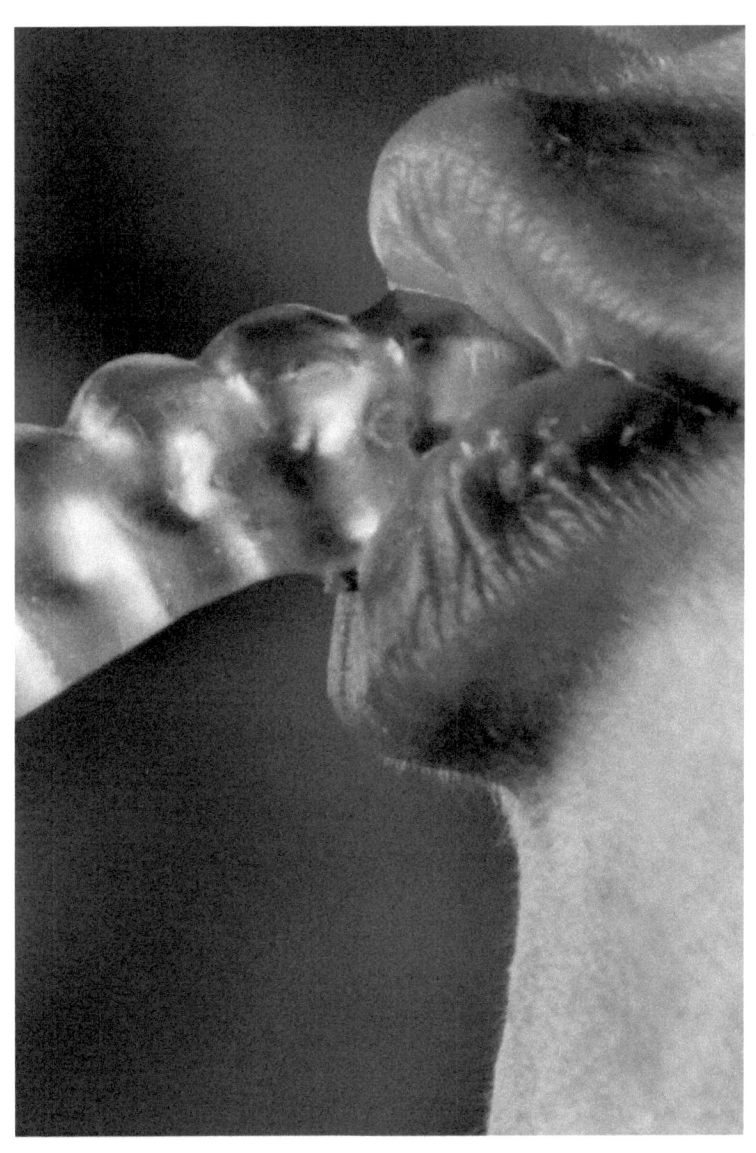

Sinnlichkeit

Geschenktes Glück

Lass mich dein Lachen hören,
schenk mir dein Augenblick,
betöre mit der Stimme,
gewähre mir das Glück.

Liebkose mich mit Fingern,
bis dass mein Herz mir bebt,
die Zartheit deiner Lippen
mich kolossal belebt.

Berühre mich mit Haaren,
hüll mich mit Küssen ein,
wie schön sind deine Brüste,
darf ich ihr Pate sein.

Lass deine Augen strahlen
in jedem Augenblick,
dein Herz schenkt meinem Dasein
so viel vom großen Glück.

Junges Glück

Wie schön schmeckt junges Liebesglück,
es füllen sich die Herzen
bei dir und deinem Gegenstück,
da leuchten tausend Kerzen.

Wenn man so jung ist und so schön,
dann flattern Schmetterlinge,
bei Liebe dir im Bauch herum
passieren Wunderdinge.

Erfreu dich an der schönen Zeit,
genieß die Hochgefühle,
die Liebe ist so wunderbar,
das schönste Spiel der Spiele.

Wir freuen uns so sehr mit dir,
bleib stets im Wohlbefinden,
wenn Frieden in der Liebe ruht,
dann kann er nicht verschwinden.

Sommeranfang

Der Sommeranfang
bringt uns feuchten Segen,
komm zu mir, Liebste,
allein der Liebe wegen.

Es öffnen Blüten
sich mit feuchten Lippen,
darin der Honig
lässt uns die Süße nippen.

Die Nacht der Nächte
will uns eng verbinden,
die feuchten Leiber
entfesseln sich im Winden.

Die Morgenstille
lässt die Liebe ruhen,
die rote Sonne
erscheint in neuen Schuhen.

Gemälde der Liebe

Ich lausche dem Sanft deiner Stimme,
du streichelst mich gern mit dem Blick,
nun warte ich auf deine Hände,
beschenke mich mit deinem Glück.

Dein Mund flüstert mir süße Worte,
wie Seide umwallt mich dein Haar,
du bist ein Gemälde der Liebe,
bist du nur ein Traum oder wahr?

Dein Herz sendet Licht, sendet Liebe,
du leuchtet von Ferne, mein Stern,
du fütterst den hungernden Dichter,
ach Liebste, ich habe dich gern.

Wir tropfen im Meere der Liebe,
sind durch Dimensionen geeint,
und singen die Seelen nun Lieder,
dann wird voller Freude geweint.

Traumgeliebte

Nachts, wenn ich nicht schlafen kann,
kommst du oft zur Tür herein,
und dann schaust du mich so an,
willst mit mir zusammen sein.

Schokoladig fällt dein Haar
wie ein Schleier bis zum Po,
rehbraun ist dein Augenpaar,
voller Sehnsucht sowieso.

Deine Lippen – purpurrot –
laden mich zum Küssen ein,
mit dem süßen Angebot
lockst du mich, du Engelein.

Ein Parfüm liegt in der Luft,
und ich werde fast verrückt,
dieser zauberhafte Duft
macht, dass ich total verzückt.

Traumgeliebte, komm mir nah,
reich mir deine schmale Hand,
endlich, endlich bist du da
aus dem fernen Liebesland.

Küss mich endlich, süße Maid,
bis die Liebe füllt den Raum,
so genießen wir die Zeit
voller Liebeslust im Traum.

Wenn ich von dir träume

Du lächelst in den Träumen
mich wie ein Elfchen an,
heißt du vielleicht Dornröschen,
dass ich dich küssen kann?

Dein Leib ruht süß wie Honig,
in einem Blütenbett,
ich möchte von ihm naschen,
so duftet sein Bukett.

Dann tauche ich den Rüssel
in deine Blüte ein,
berausche mich am Honig,
wie schön kann träumen sein.

Wir lachen in den Träumen,
die Liebe ist so schön,
ich möchte nie erwachen,
der Traum soll nicht vergehn.

Mit dir allein

Wenn ich an deine Brüste denke,
dann stelle ich mir träumend vor,
wie sie die meinen zärtlich küssen,
dann öffnet sich das Himmelstor.

Wenn ich an deine Brüste denke,
dann spüre ich sie in der Hand,
die Fantasie erzählt Geschichten
von Liebe im gelobten Land.

Wenn ich an deine Brüste denke,
dann küsse ich sie zärtlich sacht,
bald höre ich die Glocken läuten,
sie läuten uns die ganze Nacht.

Wenn ich an deine Brüste denke,
dann möchte ich gern bei dir sein,
ich spüre eine tiefe Sehnsucht
und wäre gern mit dir allein.

Im Rausch vereint

Nun liege ich so nah bei dir
am Ufer meiner Träume,
du bist mit deiner Aura nah
ganz ohne Zwischenräume.

Aus deinem liebevollen Blick
erleuchtet Engelsgüte,
du Göttin aus dem Weltenall
bist schön wie eine Blüte.

Die Brüste sind wie Feuersglut,
entflammen Leidenschaften,
wir beide brennen lichterloh,
ich bleibe an dir haften.

Was heilig ist, wird nun geteilt,
das Glück will explodieren,
zwei Seelen sind im Rausch vereint,
um sich dort zu verlieren.

Schöne Nacht

Die Welt ist voller Wunder,
die Liebste voll Magie,
sie geht an mir vorüber,
ihr Duft ist Poesie.

Sie zieht mich an hypnotisch,
wie Gold erglänzt ihr Haar,
die süßen Erdbeerlippen
betören mich fürwahr.

Sie flüstert Liebesworte,
berührt mich mit der Hand,
dann folgen wilde Küsse,
entfachen einen Brand.

Ein heftiges Gemenge
sich bald daraus entfacht,
nun will ich lieber schweigen,
so schön ist diese Nacht.

Gottesgabe

Die Sehnsucht nimmt dich in den Arm,
so innig spürst du mein Begehren,
gepaart mit konzentriertem Charme,
wird es sich jederzeit vermehren.

Der Westwind trägt es zu dir hin,
du wirst umweht von tausend Küssen,
der einzig wahre Lebenssinn,
allegro sein in den Genüssen.

Dein Laken faltet sich zur Lust,
Exzesse ich für dich beschließe,
du spürst lasziv und unbewusst,
wie ich in Liebe mich ergieße.

Die Explosion ist unerhört,
der Urknall ist ihr Waisenknabe,
dein Feuer hat mich so betört:
das nenn ich eine Gottesgabe.

Glückseligkeit

Der Klang der Stille

Lausche auf den Klang der Stille,
in der Stille liegt das Glück,
dort alleine wirst du selig,
kommt der Frieden dir zurück.

Ruhe in der tiefen Stille,
stelle dann dein Denken ein,
übe täglich eine Stunde,
bald wirst du im Frieden sein.

Sitze einfach da und horche,
Töne ohne Zweck und Sinn,
du benötigst keine Gründe,
denke einfach: Hier ich bin.

Lausche auf den Klang der Stille,
spüre so dein wahres Sein,
kommt ein leiser Ton von innen,
bist du ganz mit dir allein.

Augenblick

Betrachte ich ein kleines Wunder,
verspüre ich ein großes Glück,
allein dein Lächeln, meine Süße,
beschenkt mir diesen Augenblick.

Geh ich im Zauberwald spazieren,
umarme einen alten Baum,
erfahre ich für eine Weile
den allerschönsten Lebenstraum.

Der Vogelsang am frühen Morgen,
ein Schmetterling im Sonnenschein,
das Flüstern eines trägen Flusses
können so augenblicklich sein.

Wir leben stets nur augenblicklich,
was gestern war, das ist vorbei,
was morgen kommt, kann niemand wissen,
dem Augenblick ist's einerlei.

Der glückliche Weise

Der weise Mann geht in den Garten,
er hört beschwingt den Vögeln zu
und kann auf Seelenfrieden warten,
hier schenkt der Tag ihm seine Ruh.

Er setzt sich nahe an das Feuer,
das knistert leise himmelwärts
von einem großen Abenteuer,
schon geht der letzte Seelenschmerz.

Der weise Mann genießt die Stille,
er geht in sich und spürt das Glück
im Jetzt und Hier, das ist sein Wille,
schaut er nicht vorwärts noch zurück.

Nur sitzen, ohne nachzudenken,
das Hirn lässt all sein Reden sein,
so kann man selber sich beschenken
und ist mit seinem Glück allein.

Verliebe dich in dich

Lasst uns etwas ausprobieren,
machen wir mal einen Test,
wenn wir unter Bäumen sitzen,
wird das Leben uns ein Fest.

Lasst uns in uns selbst verlieben
und vergessen wir die Welt,
wenn wir unsre Liebe spüren,
merken wir, dass sie gefällt.

Lasst uns suchen, lasst uns finden,
wie wir selbst tatsächlich sind,
spürt im Herzen ihr die Liebe,
liebt ihr schon so wie ein Kind?

Seid entzückt von eurem Wesen,
spürt die Einzigartigkeit,
lasst uns tanzen, lasst uns singen
bis in die Glückseligkeit.

Übung macht den Meister

Wenn wir ernsthaft meditieren,
laden Schmerzgefühle ein,
sie mit Kühnheit zu durchschreiten
bis zum Tod der Seelenpein.

Dann verlassen wir das Alte
achtsam und sehr konzentriert,
bis der böse Geist von gestern
sich in Seligkeit verliert.

Wir verspüren Dank und Freude,
unerhörte Leichtigkeit,
bis das Spiel der Elemente
treibt uns zur Glückseligkeit.

Wenn uns Lachen, Raum und Stille
schenken Seelenfrieden ein,
ruht die Dankbarkeit im Herzen,
spüren wir das Glücklichsein.

Glückseligkeit

Beginne still, Magie zu sein,
zieh dich in ihr zurück,
dann öffnet sich der große Geist,
und es erblüht dein Glück.

Das Unbekannte tut sich auf,
das Göttliche strömt ein,
es füllt dich nun mit Liebe auf,
verspür dein neues Sein.

Erkenne deine Göttlichkeit,
dein Herzfeld dehnt sich aus,
du geht den Weg der Leichtigkeit
bis hin zu deinem Haus.

Du spürst die eigene Magie
in aller Herrlichkeit,
der Frieden gibt dem Augenblick
und dir Glückseligkeit.

Was du suchst

Fühlst du dich angenehm im Innen?
Bist du auch körperlich gesund?
Spürst du in dir den tiefen Frieden?
Brauchst du zum Lächeln keinen Grund?

Spürst du in dir die wahre Liebe?
Hast du genügend Energie?
Begegnest du den tausend Wundern?
Kommt zu dir zarte Poesie?

Was du suchst, ist das Angenehme,
das tiefe, unbegrenzte Glück,
die Seligkeit der guten Zeiten,
das wesentliche Lebensstück.

Du willst den Himmel hier auf Erden,
den Frieden auf der ganzen Welt,
Glückseligkeit auf Wolke sieben,
ein Leben, dass dir gut gefällt.

Beginne damit schon am Morgen,
begrüße dich und deinen Tag,
wie wunderbar erscheint ein Lächeln,
wenn man sich sagt, dass man sich mag.

Du bist der schönste Mensch auf Erden,
du hast den Zauber stets im Blick,
mach es dir angenehm wie möglich,
von innen her erscheint dein Glück.

Auf dem Weg zur Glückseligkeit

Nimm den Atem als Geschenk,
atme ein und atme aus,
so blüht alles Leben auf,
spendet selber sich Applaus.

Lass das Gestern einfach los,
reise ohne dein Gepäck,
leichter schreitest du voran,
ist der alte Ballast weg.

Nimm dein Herz als Blüte wahr,
pflege sie mit viel Gefühl,
märchenhaft erwächst ein Park
dir zum schönsten Domizil.

Dringt die Stille in dich ein,
sät im Innern sie dir Kraft,
Schweigen aus dem Weltenall
weckt in dir die Leidenschaft.

Pflasterst du dir deinen Weg
mit dem Stein der Dankbarkeit,
folgt ein Schatten deinem Ich,
steht die Fülle bald bereit.

Heute bin ich glücklich

Es freuen mich so viele Dinge,
die schönen jeden Augenblick,
sie schenken mir den Seelenfrieden
und immer wieder großes Glück.

Im Walde kann ich Stille finden,
die dringt wie Gottes Segen ein,
ich atme Düfte großer Liebe,
das Leben kann kaum schöner sein.

Wer Gutes tut, der macht sich glücklich,
drum geb ich meine Verse her,
ich lebe in der Liebesfülle,
da ist das Geben nicht so schwer.

Ich pflege positives Denken,
das schenkt dem Leben neue Kraft,
am Morgen schau ich in den Spiegel
und lächele mit Leidenschaft.

Ich meide Energievampire
und alles, was mir Angst einjagt,
ich lache lieber mit den Kindern,
gewonnen hat, wer frisch gewagt.

Ich liebe wunderbare Menschen,
viel Freude schenkt viel Energie,
da muss ich an den Buddha denken,
schon bin ich selbst in Harmonie.

Wozu leben wir?

Die Frage steht zunächst im Raum.
Ist Glück vielleicht wie Weg und Ziel?
Wie wird das Glück durch uns erkannt?
Woher kommt dieses Glücksgefühl?

Denkt mal zurück, als ihr noch klein,
das Glück kam aus der Mutterbrust,
viel Liebe gab auch die Mama,
wie groß war eure Lebenslust?

Viel später fing das Denken an.
Man glaubt, im Nehmen liegt das Glück,
auf Liebe ist man sehr erpicht,
man gibt und will sie auch zurück.

Und kommt sie nicht, kauft man sich was,
das nennt man dann den Glücksersatz,
man freut sich, dass man etwas hat,
so kommt der nächste Wunsch ratzfatz.

Solch Glück hält niemals lange stand,
es ist ein Feuer ganz aus Stroh,
das Habenwollen wird zur Gier,
das Glück verhält sich ebenso.

Wer nichts mehr braucht, der nichts mehr will,
dem folgt das Glück in Dankbarkeit,
tritt dann der Seelenfrieden ein,
dann spürt man die Glückseligkeit.

Menschlichkeit

Der neue Mensch

Der neue Mensch tanzt mit den Bäumen,
wogt mit der Meeresharmonie,
er ist ein Sandkorn in der Wüste
und schreibt die Gletscherpoesie.

Er spricht Gebete zu den Sternen
und ist vereint mit der Natur,
er taucht in die Magie des Lebens
und kennt des Kreises Quadratur.

Als großer Dichter oder Maler
taucht er in das Geheimnis ein,
der neue Mensch lebt wahre Liebe,
so wird es schon in Kürze sein.

Er wird die Schöpfung respektieren
und alles, was in ihr vereint,
die Liebe ist der Quell des Lebens,
ein Zustand, der stets wohlgemeint.

Du entscheidest

Überall sind Energien,
schweben um dich drumherum,
dringen ein in deine Aura
mit Getöse oder stumm.

Einige sind voller Heilung,
manche stören Leib und Geist,
du entscheidest, welche Botschaft
weiter in die Seele reist.

Was dir gut tut, das umarme,
geh zum Bösen auf Distanz,
spüre tief in deinem Herzen,
wer mit dir in Resonanz.

Dieses Leben führt zum Lichte,
heile dich, dann heilt die Welt,
göttlich sind die Energien
vollkommen das Einflussfeld.

Es ist an der Zeit

Es ist an der Zeit, die Angst zu verlieren,
mach dich nicht kleiner, als du wirklich bist,
lass uns gemeinsam die Seelen entfalten,
jetzt wird die Flagge der Freiheit gehisst.

Es ist an der Zeit, im Einklang zu leben,
du bist so göttlich, ein Teil der Natur,
lebe die Stille und preisen den Frieden,
singe und tanze in Moll und in Dur.

Es ist an der Zeit, für ewig zu lieben,
Feuer ist Feuer, du bist Leidenschaft,
zeige dein Wesen, beginne zu geben,
komm in eigene göttliche Kraft.

Es ist an der Zeit, dein Ich zu entfalten,
sieh deine Freunde, du bist nicht allein,
die Schwestern und Brüder werden sich finden,
Es ist an der Zeit, nicht mehr einsam zu sein.

Das Erdenhaus

Ein jeder Mensch ist voller Wunder,
wir alle kommen aus dem Bauch
und leben die Naturgesetze
und voller Mystik sind wir auch.

Wir sind ein Sandkorn in der Wüste,
ein Phänomen in dieser Welt,
der Sinn des Daseins ist zu leben,
dass es der Schöpfung selbst gefällt.

Wir können gern im Einklang leben
mit den Gesetzen der Natur,
denn das entspricht dem wahren Wesen
des Menschen, seiner Hochkultur.

Die Erde schenkt uns dieses Leben,
sie schenkt uns Nahrung, Wasser, Luft,
sie ist die Mutter, die wir ehren,
und wer ihr schadet, ist ein Schuft.

Die ganze Welt ist voller Wunder,
denn wie sie ist, ist sie perfekt,
und trotzdem wird sie sich verändern,
das hat der Mensch bereits entdeckt.

Geeint sind wir ein großer Körper,
wir atmen ein und atmen aus,
das Paradies wird nun erschaffen,
wir nennen es das Erdenhaus.

Du Lichtkind

Du bist ins Licht geboren,
ein Kind der neuen Zeit,
bist außerhalb der Normen
zur großen Tat bereit.

In dir wohnt eine Seele,
die ist so mächtig alt,
das mag fantastisch klingen,
du kleine Lichtgestalt.

Du passt mit den Visionen
in keine Muster rein,
du wirst für deine Eltern
ein weiser Leitstern sein.

Ich bin in meinem Fühlen
stets deinem Herzen nah,
rufst du nach meiner Hilfe,
dann bin ich für dich da.

Auserwählt

In Liebe wurdest du geboren,
sie füllt zu jeder Zeit dein Sein,
du bist ein Auserwählter Gottes,
komm, fühle tief in dich hinein.

Du kannst die Liebe nicht beherrschen,
sie schwingt in dir, sie ist Magie,
mit ihr kann dir nur eins passieren,
du selbst erblühst in Poesie.

Die Liebe öffnet dir das Schöne,
verleiht dir Mut und Glaubenskraft,
sie steht dir bei in deiner Freiheit
der hemmungslosen Leidenschaft.

Lass deine Liebe einfach strömen,
sie fließt dahin zum Liebesmeer,
ein Schmetterling wird dich berühren
in Frieden, doch gedankenleer.

Von der Seele

Die Seele ist ein Ozean
aus lichter Energie,
sie breitet sich im Körper aus
in wahrer Harmonie.

Die Seele saugt Erfahrung ein,
sie nimmt sie laufend auf,
sie urteilt nicht, sie wertet nicht,
sie nimmt sie gern in Kauf.

Die Freude und die Lust am Sein
ist Grund der Existenz,
so lebt sie die Begeisterung
in höherer Frequenz.

Die Seele liebt, die Seele fühlt,
sie liebt die Sinne sehr,
wie leuchtend die Berührung ist,
fühlt sie gleich umso mehr.

Wohlgeruch für Buddha

Atmest du den Duft des Tempels,
diesen Weihrauch in dich ein,
hörst du die Trompeten dröhnen,
wirst du bei den Göttern sein.

Buddha lächelt dir entgegen
und Ganesha steht ihm bei,
barfuß spürst du Mutter Erde,
Räucherdüfte werden frei.

Lausche dem Gebet der Mönche,
finde in dir die Balance,
eine Weile meditieren,
Seelenfrieden ganz in Trance.

Nichterwartung endet Leiden,
du bist ganz im Augenblick
und versinkst in tiefer Stille,
plötzlich macht es bei dir klick.

Hier bist du den Göttern näher,
es beginnt die Innenwelt,
warte, bis du selber leuchtest,
so was kauft man nicht für Geld.

Die Gabe

Ein jeder ist im Herzen göttlich
und hat sein eignes Potential,
doch diese wundervolle Gabe
muss er entfalten maximal.

Die Gabe dient nicht einem Ego,
sie offenbart erst ihren Sinn,
so geht man auf Entdeckungsreise
zu völlig neuen Ufern hin.

Ein jeder Mensch hat seine Gabe,
es gibt kein Plan und kein Programm,
folgt jeder seines Herzens Stimme,
bricht frischer Mut den alten Damm.

Die Wahrheit wird das Sein entblößen,
doch macht sie an Gefühlen reich,
die Gabe schenkt uns die Erfüllung
und ist so segensvoll zugleich.

Es ist an der Zeit

Es ist an der Zeit, die Angst zu verlieren,
mach dich nicht kleiner, als du wirklich bist,
lass uns gemeinsam die Seelen entfalten,
jetzt wird die Flagge der Freiheit gehisst.

Es ist an der Zeit, im Einklang zu leben,
du bist so göttlich, ein Teil der Natur,
lebe die Stille und preise den Frieden,
singe und tanze in Moll und in Dur.

Es ist an der Zeit, für ewig zu lieben,
Feuer ist Feuer, du bist Leidenschaft,
zeigen dein Wesen, beginne zu geben,
komm in die eigene göttliche Kraft.

Es ist an der Zeit, dein Ich zu entfalten,
sie deine Freunde, du bist nicht allein,
die Schwestern und Brüder werden sich finden,
es ist an der Zeit, nicht mehr einsam zu sein.

Göttlichkeit

Nächstenliebe

Viele Wunden aus dem Gestern
zieren unsre Seelen sehr,
denn das Leid, das wir ertrugen,
war vor allen Dingen schwer.

Unser Sehnen nach der Liebe
wurde oftmals nicht erkannt,
niemand hörte unser Flehen,
und wir fühlten uns verbannt.

Weshalb hören wir im Leben
unsren Liebsten selten zu,
statt ihnen viel Zeit zu schenken
aus dem Herzensgrund als Clou.

Helfend sich zu unterstützen
sollte selbstverständlich sein,
wenn wir alle wahrhaft lieben,
setzt die Nächstenliebe ein.

Zeit der Ehrlichkeit

Es ist die Zeit für Ehrlichkeit,
ich tauche in mich ein
und möchte, was im Herzen wohnt,
nun auch nach außen sein.

Die Wahrheit hole ich ans Licht,
da wird mir endlich klar,
die Poesie ist reines Glück,
sie ist so wunderbar,

weil sie mir aus dem Herzen quillt
wie Wasser der Natur,
es ist so klar und heilt die Welt,
denn sie ist Liebe pur.

Lass ich das alte Denken los,
vertraue ich dem Sein,
dann strahlt ein seelenvolles Licht
hinaus und auch hinein.

Der Geist von Buddha

Den Geist von Buddha kann ich spüren,
mir ist, als geht er neben mir
hier in Lumbini bei den Tempeln,
als wäre dort sein Hauptquartier.

Siddhartha wurde hier geboren,
hier herrscht sein epochaler Geist,
ich kann auf Schritt und Tritt erleben,
was das für meine Seele heißt.

Ich treffe hier auf große Leere
und lasse alle Leiden los,
sogar mein Ich will hier verschwinden,
da ist es plötzlich rigoros.

Mein Geist will tiefe Liebe leben,
das Herz strahlt wie das Sonnenlicht,
Lumbini – Ort des großen Friedens –
aus dir der Geist von Buddha spricht.

In dir allein

Alles, was du finden möchtest,
findest du in dir allein,
Glück erblüht im eignen Herzen,
darin strahlt der Sonnenschein.

Alle Liebe, die du möchtest,
findest du in dir allein,
was du säst, wirst du auch ernten,
doch du musst geduldig sein.

Alles, was du Wert sein möchtest,
findest du in dir allein,
drum entfalte deine Gaben,
du bist selbst ein Edelstein.

Alle Wege, die du gehn willst,
findest du in dir allein,
wagst du dich ins Unbekannte,
wird die Welt voll Zauber sein.

Nur du allein

In dir erwachen die Gefühle,
mal Glück, mal Leid, wie kann das sein?
Gedanken lenken Emotionen,
das machst dein Kopf, dein Kopf allein.

Wenn du erleidest großen Kummer,
dann wächst der Kummer nur aus dir,
bist du so glücklich wie ein Buddha,
dann spürst du es im Jetzt und Hier.

Das Leben ist, wie wir es denken,
so traurig, heiter oder still,
will jemand tiefen Frieden leben,
dann kann er es, weil er es will.

Du kannst Gefühle selber steuern,
bei Regen wirst du glücklich sein,
und wenn ein Wunder dir begegnet,
dann schaut die Seligkeit herein.

Über die Heilkraft der Liebe

Hast du den Wunsch, gesund zu werden,
dann schwinge stets in Harmonie,
der Krankheitsherd liegt meist im Ego,
auch in der Ahnengalerie.

Was Schmerzen macht, das kann auch heilen,
darüber sei dir stets bewusst,
vereine Körper, Geist und Seele
zu einer neuen Lebenslust.

Nach brüderlichem Einvernehmen
strebt unser Harmonieprinzip,
gesund ist, was dem Leben dienlich,
drum habe dich als Erstes lieb.

Die wahre Liebe weckt die Kräfte,
damit setzt du die Heilung ein,
es strömen durch dich Energien,
bald wirst du dann genesen sein.

Manch einer mag von Wundern sprechen,
ich sage, es ist Göttlichkeit,
sie steckt in allen unsren Zellen
und ist zur Wundertat bereit.

Hast du den Wunsch, gesund zu werden,
dann schwinge stets in Harmonie,
in dir lass deine Liebe blühen,
so lädst du deine Batterie.

Harmonie der Herzen

Höre auf des Herzens Stimme,
lausch der Sprache allen Lichts,
richte deinen Blick nach außen,
spür die Botschaft der Natur.

Bring dir selbst Respekt entgegen,
in dir wohnt ein großer Gott,
gib von dem, was dir gegeben,
sein ein Mensch, der Größe hat.

Hilf, sei gütig, sei ein Segen,
Wonne strömt aus dir heraus,
folg dem Golde deines Herzens,
tue das, was richtig ist.

Geist und Körper sollst du heilen,
spüre selbst, wie gut du bist,
in der Harmonie der Herzen
ruht der Frieden dieser Welt.

Aus dir strahlt das Licht der Seele,
du bist selbst ein Unikat,
einzigartig sind die Wunder,
neue Zeit bringt neues Glück.

Leb die Liebe, lieb das Leben!
Fülle ist genügend da,
Frieden ist das El Dorado,
aus dir funkelt helles Licht.

Achtung vor allem Leben

Lasst uns die Achtung vor dem Leben
gemeinsam alle Tugend nennen,
sie macht die Menschenherzen friedlich,
wenn sie zum Frieden sich bekennen.

Wir leben Leichtigkeit und Würde,
verfolgen Edelmut und Glück,
wir sagen alle nur die Wahrheit,
das ist des Menschen Meisterstück.

Der Sinn des Seins ist unser Leben,
wir heilen es von allem Leid,
erfreuen uns am Hier und Heute
und leben so in Achtsamkeit.

Wir tragen in uns die Begabung
für Liebe, Freiheit, Harmonie,
lasst uns das Herz mit Weisheit füllen,
dann leben wir so schön wie nie.

Liebessegen

Gib dem Leben deinen Segen,
göttlich sei dein wahrer Schutz,
schaff ein Lichtschild, eine Aura,
auch zu deinem Eigennutz.

Segne alles, was zu dir kommt,
segne es mit deine Wohl,
segne es mit deiner Liebe,
segne deinen Ruhepol.

Segne die, die dich umgeben,
Partner, Mutter, Vater, Kind,
alle die dir nahestehen
und die wichtig für dich sind.

Segne deinen eignen Körper,
fülle ihn mit warmen Licht,
mit Barmherzigkeit und Heilung,
dass aus ihm ein Wunder spricht.

Segne dich und deine Liebe,
damit bist du nicht allein,
möge Gott, das Universum
tief in deinem Herzen sein.

Freigeister

Sie sind alle alte Seelen,
Träumer, wie die Welt sie braucht,
sie sind schwerlich zu verstehen,
doch so göttlich angehaucht,

denn sie lieben ohne Ende,
sind im Einklang mit dem Sein,
und vor allem erdverbunden,
sind im Einklang und allein.

Sie erreichen eine Tiefe,
die nicht jedermann versteht,
ihre Klarheit führt zur Weitsicht,
die uns sagt, wie's weiter geht.

Freigeistig im Selbstvertrauen
geben sie den Menschen Mut,
ein Geschenk des Universums
tut uns Menschen allen gut.

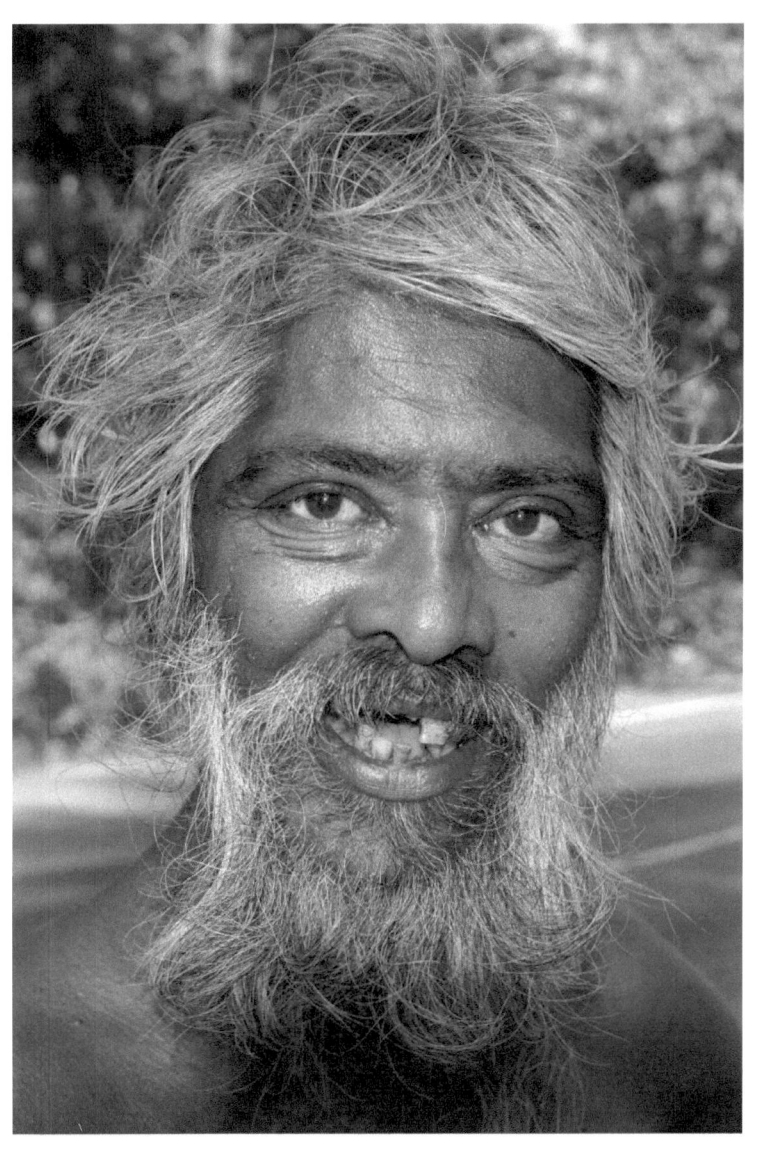

Seelenfrieden

Lieber Seelenfrieden

Lasst mich einfach nur in Ruhe,
ich bin all das Kämpfen leid,
Recht bekommt hier nur der Starke,
Ende der Gerechtigkeit.

Ihr seht mich am Boden liegen,
trotzdem tretet ihr noch zu,
nehmt mein Portemonnaie entgegen,
aber lasst mich nun in Ruh!

Empathielos seid ihr Henker,
doch nun fass ich den Entschluss,
ich geb alles, was ich habe,
und dann kommt für mich der Schluss.

Lieber nackt im Seelenfrieden
und die Liebe im Gepäck,
als mich einmal aufzuregen,
drehe ich mich und bin weg.

Seelenfrieden

Fühlst du auch das Gold der Seele,
lass dich auf die Leuchtkraft ein,
Weisheit wächst ihr aus Erfahrung,
Lebenslust aus ihrem Sein.

Deine Seele liebt zu fühlen,
alles, was ein Sinn verspürt,
tanzen, lieben, musizieren,
Sinnlichkeit sie stets verführt.

Seelen sind so ohne Grenzen,
wissen nichts von Raum und Zeit,
ein Seele wird nicht älter,
sie ist Teil der Ewigkeit.

Für die Seele ist dein Leben
so wie ein Theaterstück,
schenkst du deiner Seele Frieden,
dann erlebst du großes Glück.

Gedanken für das Seelenheil

In Worten Seelenfrieden finden.
Die Suche nach dem Seelenheil.
Gedanken von dem Sinn des Lebens
ist Anker oder Rettungsseil.

In Stille seinen Frieden finden,
so kommt man zur Gelassenheit,
dabei die wahre Liebe spüren,
das ist der Weg zur Leichtigkeit.

Statt rennen, einfach einmal warten,
das Haben ist nur blanker Schein,
das Herz im Leibe schlagen hören,
beweist doch unser wahres Sein.

Ich lade ein, das Wort zu spüren,
kommt mit mir auf die Reise mit,
das Beste, was ich je geschrieben,
zum Seelenheil ist nur ein Schritt.

Leicht verständlich

Setze ich mich still ins Grüne,
in den Wald an meinen Bach,
lausche ich so seinen Lehren,
über mir sein Flüsterdach.

Um mich Schmetterlinge gaukeln,
geben ihre Weisheit her,
plötzlich fühle ich mich leichter,
ist das Leben gar nicht schwer.

In mir blüht ein Seelenfrieden,
tief in Ruhe ist mein Geist,
ich fühl mich den Göttern nahe,
so wie man sie seligpreist.

Gottverwirktlicht ist mein Leben,
heilig ist ein jedes Wort,
bin ein Schöpfer hier auf Erden
wie an jedem andern Ort.

Liebe dein Leben

Wenn du sagst, du liebst den Frieden,
leb den Seelenfrieden aus,
finde in dir selber Ruhe,
fühle dich in dir zuhaus.

Wenn du sagst, du liebst die Freiheit,
dann darfst du kein Sklave sein,
sprenge deine eignen Ketten,
fliege durch den Sonnenschein.

Wenn du sagst, du liebst die Wahrheit,
lebe deine Ehrlichkeit,
tritt dein Leben nicht mit Füßen,
folge deiner Leichtigkeit.

Wenn du sagst, du liebst die Liebe,
fange bei dir selber an,
bring dein Herze zum Erblühen,
dass es jeder sehen kann.

Harmonie

Harmonie wird dir erblühen,
wenn die Liebe nur gedeiht,
dann erhellt dich Seelenfrieden,
leuchten Augen weit und breit.

Liebe lässt die Herzen schwingen,
Gleichklang heißt die Harmonie,
Stille schenkt uns tiefen Frieden
und perfekte Poesie.

Glück lässt sich niemals befehlen,
Liebe lässt dich glücklich sein,
ganz natürlich wirkt ein Lächeln,
schließt es auch die Seele ein.

Sinn des Seins ist, eins zu werden,
alles strömt zur Harmonie,
die Natur kennt keine Grenzen
wie des Menschen Fantasie.

Was ich gern möchte

Ich möchte gern im Seelenfrieden
fortwährend nur noch glücklich sein,
verspüren all die tiefe Liebe
mit euch oder mit mir allein.

Ich möchte Bäume gern umarmen
und Wunder sehen überall,
verspüren all das schöne Leben
und lauschen einer Nachtigall.

Ich möchte meinen Körper heilen
und mit ihm meinen großen Geist,
tagtäglich etwas weiser werden,
dass mich das Leben unterweist.

Ich will der Welt Gedichte schenken,
mein Leben voller Poesie,
von meiner Liebe will ich geben
für Frieden und für Harmonie.

Bescheidenheit

Bescheidenheit allein genügt,
dort finden wir allein das Glück,
ein Fluch ist stets das Habenwollen,
denn dieses wirft uns stets zurück.

Der schlimmste Fehler ist die Gier,
die immer neue Grenzen setzt,
es wächst die Angst, es zu verlieren,
so dass man immer schneller hetzt.

Das Haben führt zur Dankbarkeit,
ein Krieg braucht sehr viel Energie,
statt Schulen baut man lieber Waffen,
ein Kampf führt nicht zur Harmonie.

Ich möcht ein Werk des Friedens sein,
das täglich neue Liebe sät,
der Wald schenkt mir den Seelenfrieden
und zeigt mir damit, wie es geht.

Der zufriedene Mensch

Erträumst du dir den Seelenfrieden,
den Zustand der Gelassenheit,
in dem dich keine Ängste quälen
und bist vom Zweifel auch befreit?

Dann glaubst du an des Rätsels Lösung,
kein Zweifel quält mehr deinen Geist,
du wirst dem Leben stets vertrauen,
die Ängste sind nun ausgereist.

Dein In-sich-gehen bringt Erkenntnis,
es schenkte dir große Sicherheit,
die Liebe weist die rechte Richtung,
das Meditieren schenkt dir Zeit.

Die Innenschau führt dich zur Stärke,
es wächst in dir Gelassenheit,
dazu ein tiefer, neuer Frieden,
der macht sich in der Seele breit.

Seelenfriedenszeit

Sind wir aufmerksam und achtsam,
lieben wir im Jetzt und Hier,
lässt sich Leiden überwinden,
so erleben wir das Wir.

Eine Haltung des Gewahrseins
voll Respekt und wertungsfrei
schenkt uns allen tiefen Frieden,
gerne sind wir mit dabei.

Achten wir auf unsern Atem,
wählen achtsam wir das Wort,
offenbart sich das Geheimnis,
öffnet sich ein stiller Ort.

Liebevoll entspanntes Dasein
führt uns in die Leichtigkeit,
sind wir aufmerksam und achtsam,
folgt die Seelenfriedenszeit.

Weltfrieden

Neuer Weltenlauf

Der Tag beginnt mit einem Lächeln,
ein neues Leben heut beginnt,
in mit erwacht die Seelenfreude,
ich bin dem Dasein wohlgesinnt.

Ich inhaliere tiefen Frieden
und atme alle Leiden aus,
so komme ich in meine Ruhe,
gelassen bin ich überaus.

Ich möchte andere verstehen
und schule so mein Mitgefühl,
ich lasse meine Ängste laufen,
nur Nächstenliebe ist mein Ziel.

Ich kultiviere tiefe Stille,
so blüht der Frieden in mir auf,
es wächst der Mut und mein Vertrauen
auf einen neuen Weltenlauf.

Auf dem Weg zum Frieden

Kannst du diese Stille spüren?
Schätzt du sie in Dankbarkeit?
Lass dich nicht vom Lärm verführen,
bleibe bei der Menschlichkeit.

Spürst du in der Stille Frieden?
Hörst du deinem Herzen zu?
Dieser Sinn ist dir beschieden,
so kommst du in deine Ruh.

Lebst du deine sanften Träume?
Spürst du selbst in dir dein Glück?
Öffnest du die Friedensräume,
gibt es niemals ein Zurück.

Wirst du dich vom Zwang befreien?
Schaffst du selbst dein Himmelreich?
Wenn du selbst kannst dir verzeihen,
bist du auch den Göttern gleich.

Vom weltweiten Frieden

Die Tage sind heiter, das Leben ist schön,
die Liebe durchdringt alle Herzen,
denn rings um uns her ist nur Schönes zu sehn,
und überall leuchten die Kerzen.

Es rauschen die Wellen im tiefblauen Meer,
es flüstern die Bäume der Wälder,
es schweigen die Gipfel als riesiges Heer,
es leuchten die goldenen Felder.

Die Leute sind herzlich, sie lächeln so froh,
die Angst ist seit langem gegangen,
ein jeder hilft jedem, das ist nun mal so,
es muss niemand darben und bangen.

Der weltweite Frieden auf Erden ist da,
der Mensch kann nichts anderes denken,
es sind sich die Seelen und Herzen so nah,
sie wollen sich Liebe nur schenken.

Friedenslied

Frieden in ferneren Welten!
Frieden im Sonnensystem!
Frieden auf unsren Planeten!
Frieden durch dieses Poem!

Frieden an Land und im Wasser!
Frieden am Berg und im Tal!
Frieden am Morgen, am Abend!
Frieden ist phänomenal!

Frieden im Land und in Städten!
Frieden in unserem Haus!
Frieden bei all unsern Nachbarn!
Frieden jahrein und jahraus!

Frieden den Russen, den Deutschen!
Frieden den Völkern der Welt!
Frieden den friedlichen Kindern!
Frieden ist das, was nun zählt!

Frieden den Jungen, den Alten!
Frieden der Frau und dem Mann!
Frieden und Freiheit uns allen!
Frieden zieht uns in den Bann!

Frieden ab jetzt ohne Ende!
Frieden ist menschliches Recht!
Frieden löst alle Probleme!
Frieden, nur Frieden ist echt!

Den Kindern

Wir möchten euch die Liebe lehren,
die Liebe, die das Geben liebt,
die Liebe, die die Wahrheit findet,
die Liebe, die euch Wärme gibt.

Wir möchten euch die Freiheit lehren,
die Freiheit, stets ihr selbst zu sein,
die Freiheit, ohne zu beschränken
und ohne den Erlaubnisschein.

Wir möchten euch das Sehen lehren,
erkennt die Wunder dieser Welt,
es gibt so vieles zu entdecken
auch ohne eine Menge Geld.

Wir möchten euch das Träumen lehren,
dann macht ihr eure Träume wahr,
so könnt ihr die Talente leben
und alles ist so wunderbar.

Wir möchten euch das Heilen lehren
ein jeder kann ein Heiler sein,
wir fangen an, uns zu umarmen -
und schon setzt unsre Heilung ein.

Wir möchten euch den Frieden lehren,
zuallererst Zufriedenheit,
den Frieden, den wir alle wünschen
für heute und für alle Zeit.

Wir sind Eins

Wir sind Eins mit allen Menschen,
in uns wohnt die Harmonie,
wir bestehen aus Atomen
und der Liebesenergie.

Wir sind alle miteinander
irgendwie als Art verwandt,
atmen selbe Atemlüfte,
wie euch sicherlich bekannt.

Liebe hat die Welt erschaffen,
sie ist endlos, still und rein,
ohne Anfang, ohne Ende,
sie muss unermesslich sein.

Wir sind da und kehren wieder
in den weiten Sehnsuchtsraum,
eins zu sein in wahrer Liebe,
so erfüllt sich unser Traum.

Zwiegespräch

Die Liebe sagt leis: »Frieden.«
Die Angst antwortet: »Nein.«
Die Liebe ruft kühn: »Frieden«
»Er kann doch gar nicht sein.«

Die Liebe flüstert: »Frieden.«
Die Angst spricht: »Fantasie.«
Die Liebe sagt forsch: »Frieden«
Die Angst rügt: »Er war nie.«

Die Liebe lächelt: »Frieden.«
Die Angst meint: »Risiko!«
Die Liebe meldet: »Frieden«
Die Angst lacht: »Wo denn, wo?«

Die Liebe preist den Frieden.
Die Angst meint: »Ach du Schreck!«
Die Liebe spendet Frieden.
Nun läuft die Angst bang weg.

Tiefen Frieden spüre ich

Tiefen Frieden spüre ich
in der sanften Stille,
jeder Tropfen bringt ihn mir,
denn es ist sein Wille.

Tiefen Frieden spüre ich
in den lauen Winden,
hör ich seinen Liedern zu,
kann ich Frieden finden.

Tiefen Frieden spüre ich
in dem Meeresrauschen,
blauem Himmel, blauem Meer
möchte ich gern lauschen.

Tiefen Frieden spüre ich
überall im Grünen,
denn die Liebe ist zuhaus
auf den Freilichtbühnen.

Tiefen Frieden spüre ich,
leuchten Silbersterne,
ist die Nacht so still und klar,
friedlich nah und ferne.

Tiefen Frieden spüre ich,
und mir ist im Klaren,
strahle ich den Frieden aus,
kann ich ihn bewahren.

Irdische Harmonie

Ich schau zurück aufs Vaterland
und liebend hin zu Mutter Erde,
wo Blumen blühen überall,
die wünschen, dass es Frieden werde.

Wo Heimat ist, fühl ich mich wohl,
dort, wo auch meine Lieben leben
in expandierter Menschlichkeit,
wo jeder möchte Liebe geben.

Ein jeder Mensch wird wertgeschätzt
und darf Talente froh entfalten,
ein jeder gibt, so viel er kann,
um unsren Frieden zu gestalten.

Ein frohes Kinderlachen klingt,
die Sänger singen Liebeslieder,
ein jeder hat den gleichen Wert,
so feiern wir das Leben wieder.

Friedensschöpfer

Was wir denken, wird entstehen,
denken wir den Frieden her,
in der Liebe weht der Frieden
sich in unser Menschenmeer.

Was wir singen, wird entstehen,
singen wir den Frieden her,
weil die Lieder uns verbinden,
kommt der Frieden, danke sehr.

Wenn wir wählen tief im Herzen,
wählen wir den Frieden her,
so wie innen wird es außen,
überall ein Friedensheer.

Wenn wir frieden, sind wir glücklich,
nur der Friede sei Begehr,
Menschen blühen auf wie Blumen,
Friedensschöpfer um uns her.

Danke

Danke allen, die mich formen,
danke dem, was inspiriert,
danke denen, die bewirken,
dass die Poesie marschiert.

Danke allen, die mich lieben,
danke Heilung, danke Schmerz,
danke meinem Quelle der Worte,
meinem wunderbaren Herz.

Danke auch dem Universum,
danke an den Zauberwald,
Dank dem Meer und Dank den Bergen,
danke für die Urgewalt.

Danke allen guten Geistern,
danke an die Zauberfee,
danke für die süßen Elfen,
die ich öfter einmal seh.

Danke an die Allerliebste,
die mich nimmt, so wie ich bin,
danke meiner Großfamilie,
die dem Leben gibt dem Sinn.

Danke Sonne, danke Mondin,
Dank den Sternen in der Nacht,
danke allem, danke jenen,
die die Poesie entfacht.

Roland Pöllnitz — Der gelbe Mann

Roland Pöllnitz — Wellenjahre

Inseln der Glückseligkeit — Roland Pöllnitz

Der weiße Zyklus
Der Frieden

Roland Pöllnitz

Der weiße Zyklus
Die Liebe

Roland Pöllnitz

Der weiße Zyklus
Der Winter

Roland Pöllnitz

Der weiße Zyklus
Der Herbst
Roland Pöllnitz

Der weiße Zyklus
Der Sommer

Roland Pöllnitz

Der weiße Zyklus
Der Frühling
Roland Pöllnitz

Liebe ohne Ende Band 5

Roland Pöllnitz

Roland Pöllnitz — Gedanken für das Seelenheil

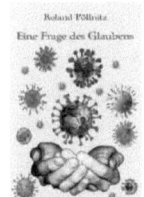
Roland Pöllnitz — Eine Frage des Glaubens

TRAUMREISEN
GEDICHTE
ROLAND PÖLLNITZ
REISETRÄUME

Roland Pöllnitz

Gedichte aus dem Zauberwald — Roland Pöllnitz

ROLAND PÖLLNITZ
EINHUNDERT PANDEMISCHE LIEBESGEDICHTE

ROLAND PÖLLNITZ
NEPAL

ROLAND PÖLLNITZ
DIE ZEIT KENNT NUR DIE EWIGKEIT
GEDICHTE ZU

Liebe ohne Ende Band 4

Roland Pöllnitz

Ein Schneeglöckchen zum Valentin
und viele andere Gedichte zu besonderen Anlässen von Roland Pöllnitz

Roland Pöllnitz — Das süße Gift der Begierde

Roland Pöllnitz — Das Geheimnis des Glücks

Roland Pöllnitz — Buch der Liebe

Liebe ohne Ende Band 3

Roland Pöllnitz

Sie lügen uns an!
Roland Pöllnitz

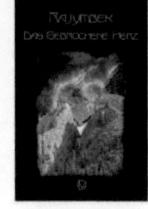